l'école - shkolla 2
le voyage - udhëtim 5
le transport - transport 8
la ville - qytet 10
le paysage - peisazh 14
le restaurant - restorant 17
le supermarché - supermarket 20
les boissons - pije 22
l'alimentation - ushqim 23
la ferme - fermë 27
la maison - shtëpi 31
le salon - dhomë ndenjeje 33
la cuisine - kuzhinë 35
la salle de bain - tualet 38
la chambre d'enfant - dhomë fëmijësh 42
les vêtements - veshje 44
le bureau - zyrë 49
l'économie - ekonomi 51
les professions - profesionet 53
les outils - mjete 56
les instruments de musique - instrumenta muzikorë 57
le zoo - kopsht zoologjik 59
les sports - sportet 62
les activités - aktivitet 63
la famille - familje 67
le corps - trupi 68
l'hôpital - spital 72
l'urgence - emergjencë 76
la terre - toka 77
...heure(s) - orë 79
la semaine - javë 80
l'année - vit 81
les formes - forma 83
les couleurs - ngjyra 84
les oppositions - të kundërta 85
les nombres - numra 88
les langues - gjuhët 90
qui / quoi / comment - kush / çfarë / si 91
où - ku 92

l'école

shkolla

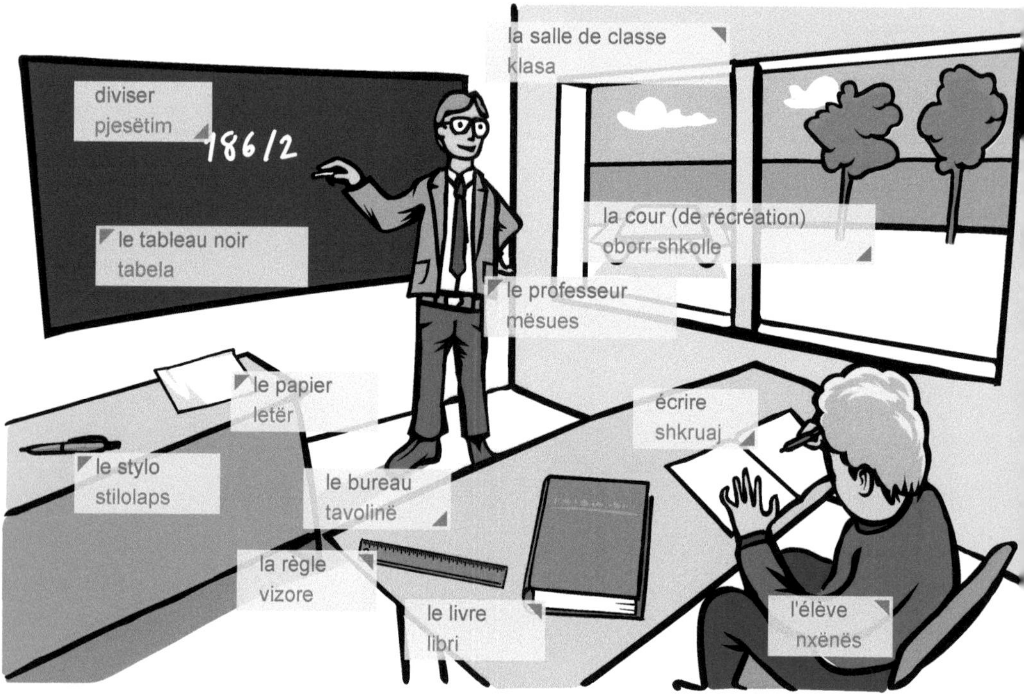
la salle de classe
klasa
diviser
pjesëtim
186/2
le tableau noir
tabela
la cour (de récréation)
oborr shkolle
le professeur
mësues
le papier
letër
écrire
shkruaj
le stylo
stilolaps
le bureau
tavolinë
la règle
vizore
le livre
libri
l'élève
nxënës

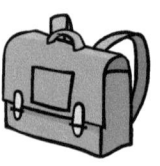

le cartable
....
çantë

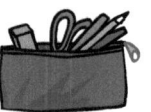

la trousse
....
mbajtëse lapsash

le crayon
....
laps

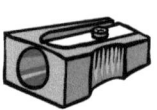

le taille-crayon
....
mprehës lapsash

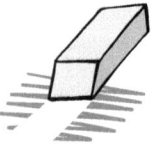

la gomme
....
gomë

le carnet à dessin
....
fletore vizatimi

le dessin

vizatim

le pinceau

penel

la boîte de peinture

kuti bojërash

les ciseaux

gërshërë

la colle

ngjitës

le cahier d'exercices

fletore detyrash

les devoirs

detyrë shtëpie

le chiffre

numër

additionner

mbledh

soustraire

zbres

multiplier

shumëzoj

calculer

llogaris

la lettre

gërmë

l'alphabet

alfabeti

le mot

fjalë

le texte

tekst

lire

lexoj

la craie

shkumës

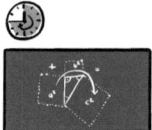

la leçon

mësim

le livre de classe

regjistër

l'examen

provim

le certificat

çertifikatë

l'uniforme scolaire

uniformë shkolle

la formation

arsimim

le lexique

enciklopedia

l'université

universitet

le microscope

mikroskop

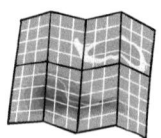

la carte

hartë

la corbeille à papier

kosh letrash

le voyage
udhëtim

l'hôtel
hotel
Grand
l'auberge
bujtinë
ROOMS
le bureau de change
pikë këmbimi valutor
CHANGE
la valise
valixhe
la voiture
makinë

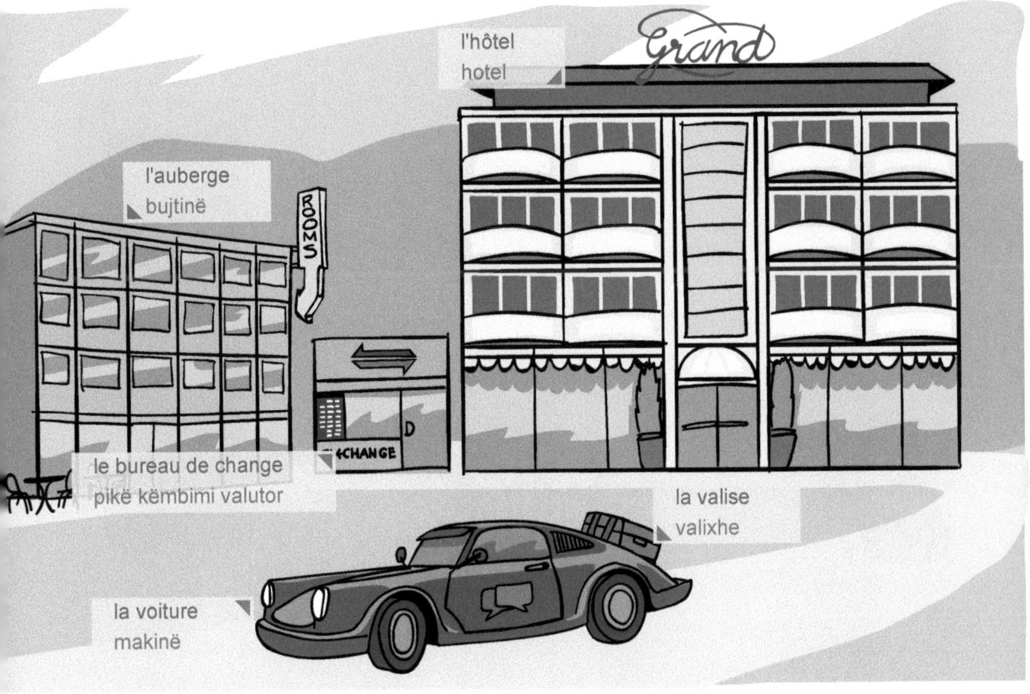

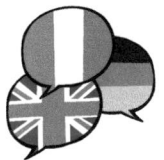

la langue

gjuhë

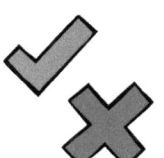

oui / non

po / jo

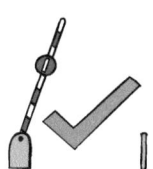

d'accord

Në rregull

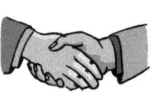

Salut

ç'kemi

l'interprète

përkthyes

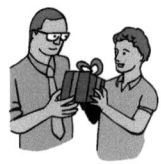

merci

Faleminderit

Combien coûte...?

sa kushton...?

Je ne comprends pas

nuk e kuptoj

le problème

problem

Bonsoir !

Mirëmbrëma!

Bonjour !

Mirëmëngjes!

Bonne nuit !

Natën e mirë!

Au revoir

mirupafshim

la direction

drejtim

les bagages

bagazhet

le sac

çantë

le sac-à-dos

çantë shpine

l'hôte

mysafir

la pièce

dhomë

le saç de couchage

thes gjumi

la tente

tendë

l'office de tourisme

informacion për turistët

la plage

plazh

la carte de crédit

kartë krediti

le petit-déjeuner

mëngjes

le déjeuner

drekë

le dîner

darkë

le billet

Biletë

l'ascenseur

ashensor

le timbre

pulla

la frontière

kufi

la douane

doganë

l'ambassade

ambasadë

le visa

vizë

le passeport

pasaportë

le transport
transport

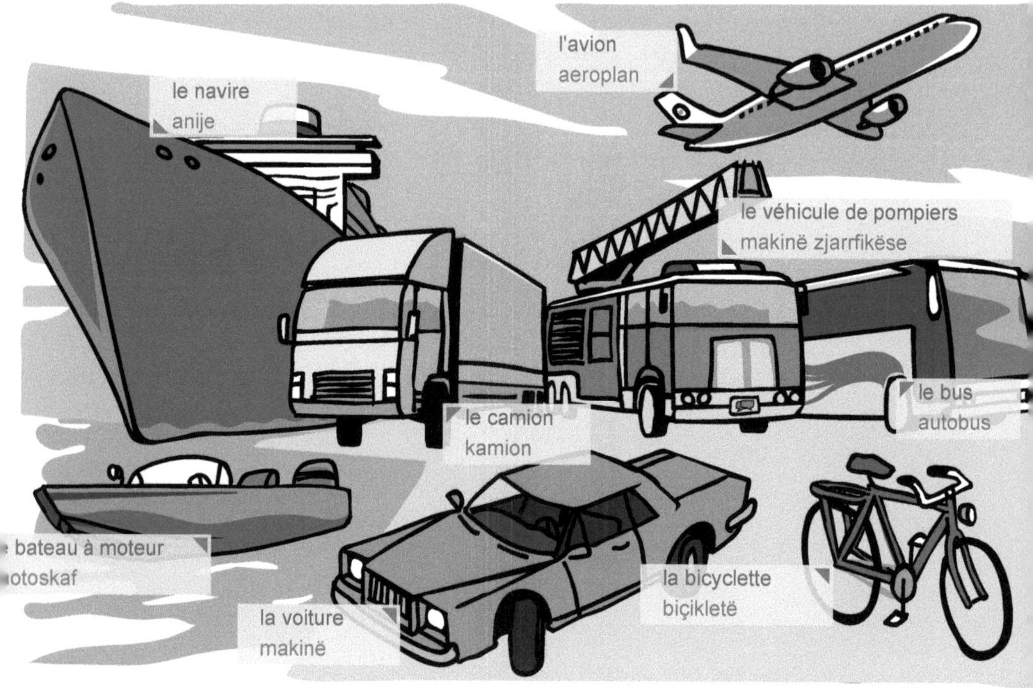
l'avion
aeroplan
le navire
anije
le véhicule de pompiers
makinë zjarrfikëse
le bus
autobus
le camion
kamion
bateau à moteur
otoskaf
la bicyclette
biçikletë
la voiture
makinë

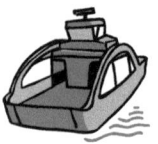

le ferry

traget

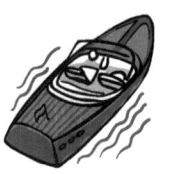

la barque

varkë

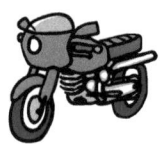

la moto

motoçikletë

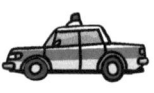

la voiture de police

makinë policie

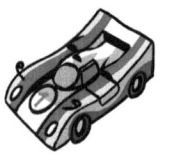

la voiture de course

makinë garash

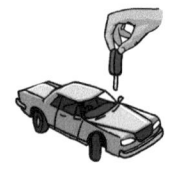

la voiture de location

makinë me qira

l'auto-partage

darje e qirasë së makinës

la voiture de remorquage

karroatrec

la benne à ordures

makinë plehrash

le moteur

motor

l'essence

benzinë

la station d'essence

pikë karburanti

le panneau indicateur

sinjalistikë trafiku

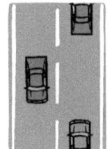

le trafic

trafik

l'embouteillage

bllokim trafiku

le parking

parkim makinash

la gare

stacion treni

les rails

trase

le train

tren

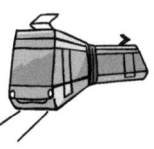

le tramway

tramvaj

le wagon

karro

l'hélicoptère

helikopter

l'aéroport

aeroport

la tour

kullë

le passager

pasagjer

le conteneur

kontenier

le carton

kuti kartoni

le chariot

qerre

la corbeille

shportë

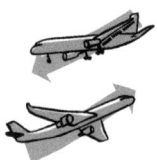

décoller / atterrir

ngrihem / ulem

la ville

qytet

le village

fshat

le centre-ville

qendra e qytetit

la maison

shtëpi

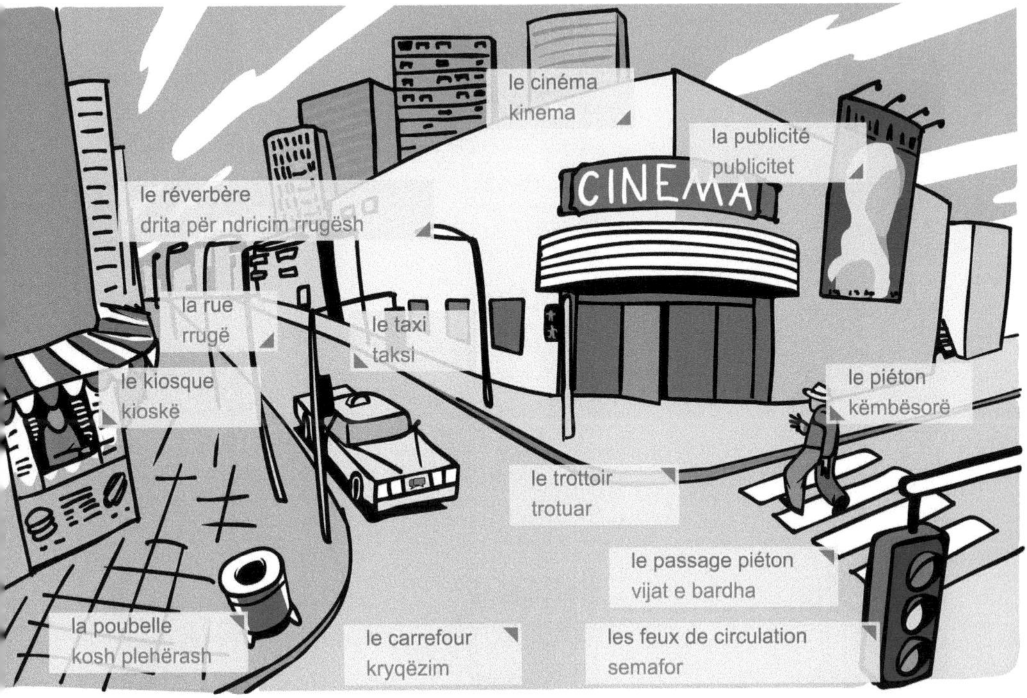

le cinéma
kinema

la publicité
publicitet

le réverbère
drita për ndricim rrugësh

la rue
rrugë

le taxi
taksi

le kiosque
kioskë

le piéton
këmbësorë

le trottoir
trotuar

le passage piéton
vijat e bardha

la poubelle
kosh plehërash

le carrefour
kryqëzim

les feux de circulation
semafor

CINEMA

la cabane
....
kasolle

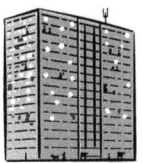

l'appartement
....
apartament

la gare
....
stacion treni

la mairie
....
bashki

le musée
....
muze

l'école
....
shkolla

l'université

universitet

la banque

bankë

l'hôpital

spital

l'hôtel

hotel

la pharmacie

farmaci

le bureau

zyrë

la librairie

librari

le magasin

dyqan

le fleuriste

dyqan lulesh

le supermarché

supermarket

le marché

market

le grand magasin

mapo

la poissonnerie

dyqan peshku

le centre commercial

qëndër tregtare

le port

port

le parc

park

la banque

stol

le pont

urë

les escaliers

shkallë

le métro

metro

le tunnel

tunel

l'arrêt de bus

stacion autobuzi

le bar

bar

le restaurant

restorant

la boîte à lettres

kuti postare

le panneau indicateur

sinjalistikë rrugore

le parcmètre

kohëmatës parkimi

le zoo

kopsht zoologjik

le réverbère

pishinë

la mosquée

xhami

la ferme

fermë

la pollution

ndotje

la cimetière

varrezë

l'église

kishë

l'aire de jeux

shesh lojërash

le temple

tempull

le paysage
peisazh

la feuille
gjethe

le panneau indicateur
tabela orientuese

le chemin
rrugë

le pré
livadh

la pierre
gurë

le randonneur
ekskursionist

l'arbre
pemë

la rivière
lumë

l'herbe
bar

la fleur
lule

la vallée
luginë

la montagne
kodër

le lac
liqen

la forêt
pyll

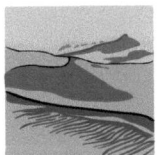

le désert
shkretëtirë

le volcan
vullkan

le château
kështjellë

l'arc-en-ciel
ylber

le champignon
kepudhë

le palmier
palmë

le moustique
mushkonjë

la mouche
mizë

les fourmis
milingonë

l'abeille
bletë

l'araignée
merimangë

le coléoptère

brumbull

la grenouille

bretkosë

l'écureuil

ketër

le hérisson

iriq

le lièvre

lepur

la chouette

buf

l'oiseau

zog

le cygne

mjellmë

le sanglier

derr i egër

le cerf

dre

l'élan

dre brilopatë

le barrage

digë

l'éolienne

turbinë ere

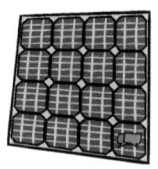

le panneau solaire

panel diellor

le climat

klimë

le restaurant

restorant

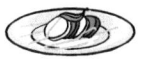

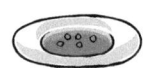

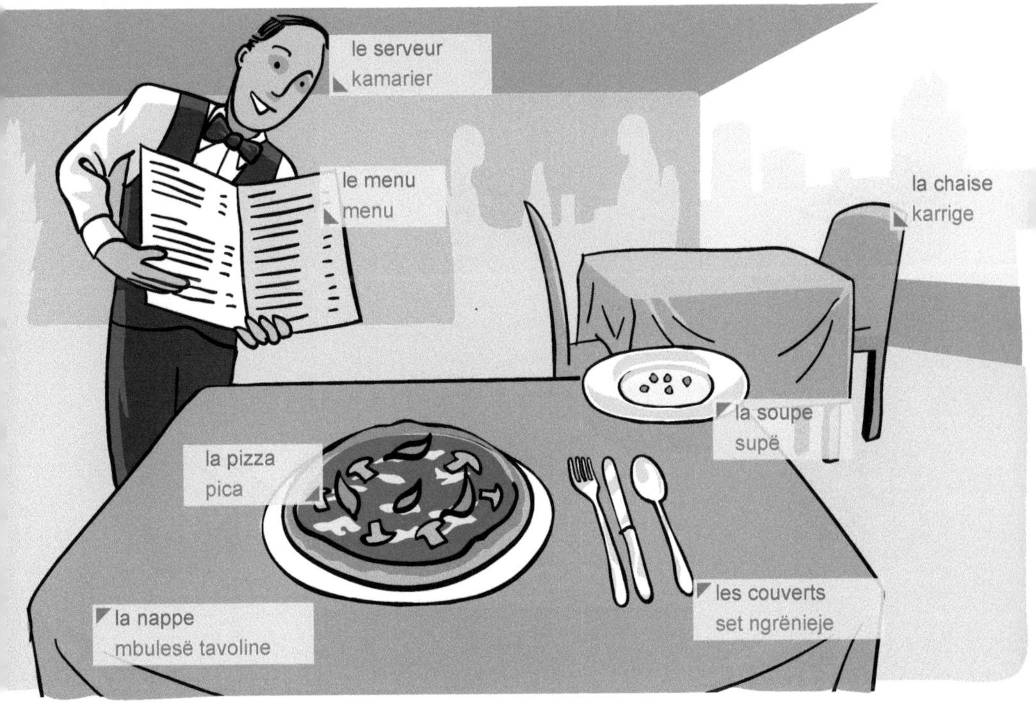

le serveur
kamarier
le menu
menu
la chaise
karrige
la soupe
supë
la pizza
pica
les couverts
set ngrënieje
la nappe
mbulesë tavoline

les hors d'œuvre

pjatë e parë

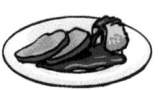

le plat principal

pjatë kryesore

le dessert

ëmbëlsirë

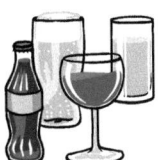

les boissons

pije

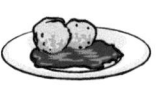

l'alimentation

ushqim

la bouteille

shishe

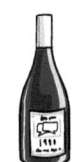

le fast-food

ushqim i shpejtë

les plats à emporter

ushqim i shërbyer në rrugë

la théière

ibrik çaji

le sucrier

kuti sheqeri

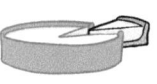

la portion

racion

la machine à expresso

makinë kafeje ekspres

la chaise haute

karrige e lartë

la facture

faturë

le plateau

tabaka

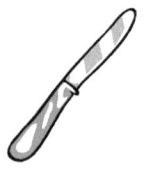

le couteau

thika

la fourchette

pirun

la cuillère

lugë

la cuillère à thé

lugë çaji

la serviette

pecetë

le verre

gotë

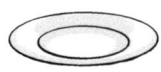

l'assiette
pjatë

l'assiette à soupe
pjatë supe

la soucoupe
pjatë filxhani

la sauce
salcë

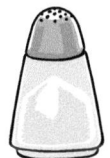

la salière
mbajtëse kripe

le moulin à poivre
mulli piperi

le vinaigre
uthull

l'huile
vaj

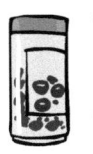

les épices
erëza

le ketchup
keçap

la moutarde
mustardë

la mayonnaise
majonezë

le supermarché
supermarket

l'offre promotionnelle
ofertë speciale
FOR
le client
klient
les produits laitiers
produkte bulmeti
les fruits
frut
le chariot
karrocë pazari

BUTCHERS

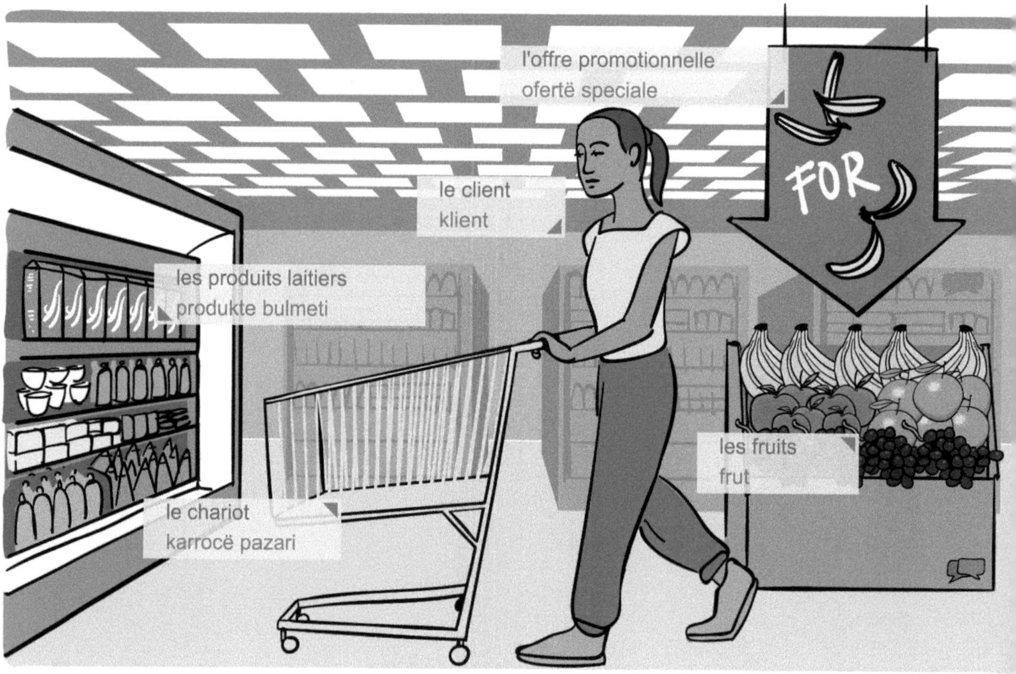

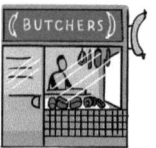

la boucherie

dyqan mishi

BAKERY

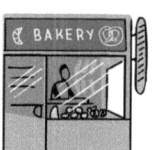

la boulangerie

furrë buke

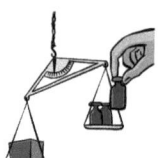

peser

peshoj

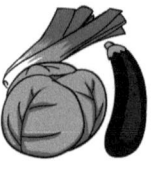

les légumes

perime

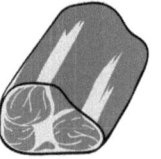

la viande

mish

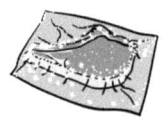

les aliments surgelés

ushqim i ngrirë

la charcuterie

copë

les conserves

ushqim i konservuar

la poudre à lessive

pluhur larës

les bonbons

ëmbëlsirat

les articles ménagers

prodhime shtëpie

les détergents

produkte pastrimi

la vendeuse

shitëse

la caisse

kasë fiskale

le caissier

arkëtar

la liste d'achats

listë blerjeje

les heures d'ouverture

oraret e punës

le portefeuille

portofol

la carte de crédit

kartë krediti

le sac

çantë

le sac en plastique

qese plastike

l'eau

ujë

le jus de fruit

lëng frutash

le lait

qumësht

le coca

koka-kola

le vin

verë

la bière

birrë

l'alcool

alkool

le chocolat chaud

kakao

le thé

çaj

le café

kafe

l'expresso

kafe ekspres

le cappuccino

kapuçino

la banane

banane

la pomme

mollë

l'orange

portokalle

le melon

pjepër

le citron.

limon

la carotte

karrotë

l'ail

hudhër

le bambou

bambu

l'oignon

qepë

le champignon

kërpudha

les noisettes

arra

les pâtes

makarona

les spaghetti

spageti

le riz

oriz

la salade

sallatë

les pommes frites

patate të skuqura

les pommes de terre rôties

patate të skuqura

la pizza

pica

le hamburger

hamburger

le sandwich

sanduiç

l'escalope

shnicel

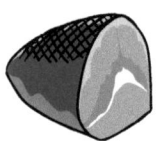

le jambon

proshutë

le salami

sallam

la saucisse

salçiçe

le poulet

pulë

le rôti

skuq

le poisson

peshk

les flocons d'avoine

tërshërë

le muesli

drithëra

les cornflakes

kornfleiks

la farine

miell

le croissant

kruasant

les petits-pains

panine

le pain

bukë

le pain grillé

tost

les biscuits

biskotë

le beurre

gjalp

le fromage blanc

gjizë

le gâteau

tortë

l'œuf

vezë

l'œuf au plat

vezë sy

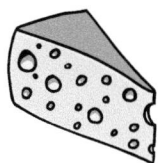

le fromage

djathë

la glace

akullore

le sucre

sheqer

le miel

mjaltë

la confiture

marmaladë

la crème nougat

çokokrem

le curry

këri

la ferme
shtëpi fermë

la botte de paille
deng bari

la grange
hangar

le champ
fushë

le cheval
kal

la remorque
rimorkio

le poulain
kërriç

le tracteur
traktor

l'âne
gomar

le mouton
dele

l'agneau
qengj

la chèvre

la chèvre
....
dhi

la vache
....
lopë

le veau
....
viç

le porc
....
derr

le porcelet
....
derrkuc

le taureau
....
dem

l'oie

patë

le canard

rosë

le poussin

zog pule

la poule

pulë

le coq

gjel

le rat

mi

le chat

mace

la souris

mi

le bœuf

buall

le chien

qen

le chenil

kolibe qeni

le tuyau de jardin

zorrë vaditëse

l'arrosoir

vaditëse

la faucheuse

kosë

la charrue

plug

la faucille

drapër

la pioche

shat

la fourche

kosa

la hache

sëpatë

la brouette

karrocë

la cuve

govatë

le pot à lait

bidon qumështi

le sac

thes

la clôture

gardh

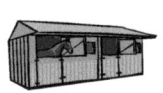

l'étable

ahur

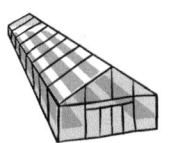

le serre

serë

le sol

dhe

les semences

farë

l'engrais

pleh

la moissonneuse-batteuse

autokombanjë

la ferme - fermë

29

récolter

korr

la récolte

te korrat

l'igname

patate e ëmbël "Yam"

le blé

grurë

le soja

soja

la pomme de terre

patate

le maïs

misër

le colza

raps

l'arbre fruitier

pemë frutore

le manioc

zhardhok manioku

les céréales

drithëra

la maison
shtëpi

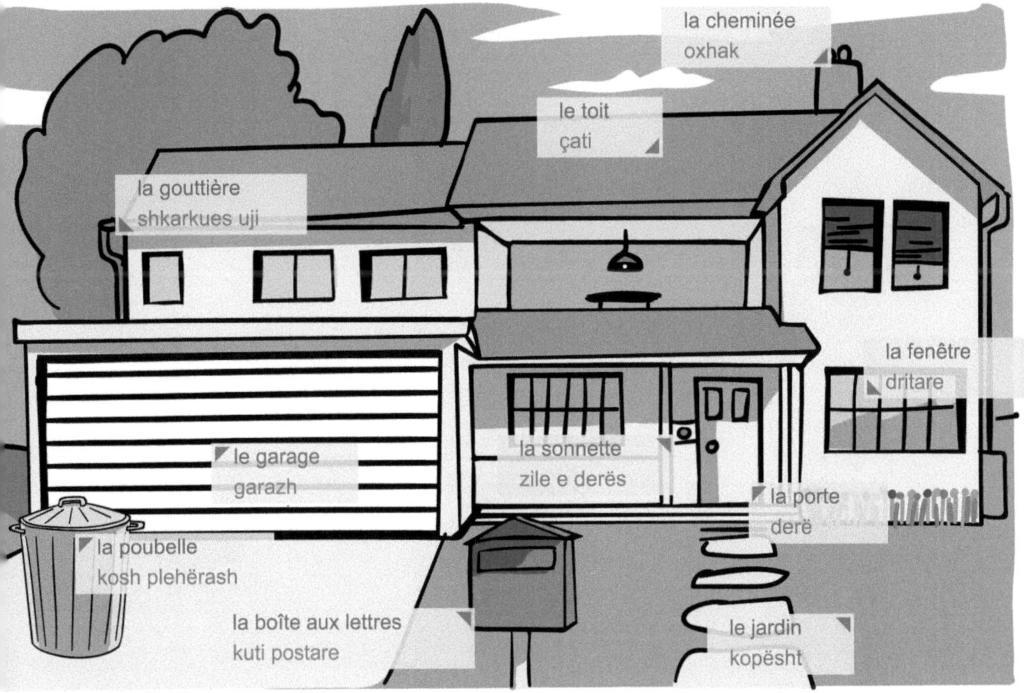

la cheminée
oxhak
le toit
çati
la gouttière
shkarkues uji
la fenêtre
dritare
le garage
garazh
la sonnette
zile e derës
la porte
derë
la poubelle
kosh plehërash
la boîte aux lettres
kuti postare
le jardin
kopësht

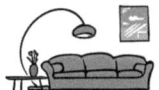

le salon

dhomë ndenjeje

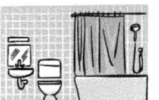

la salle de bain

tualet

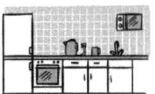

la cuisine

kuzhinë

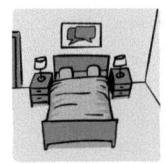

la chambre à coucher

dhomë gjumi

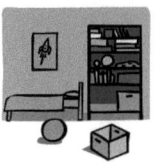

la chambre d'enfant

dhomë fëmijësh

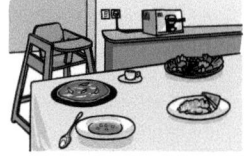

la salle à manger

dhomë ngrënieje

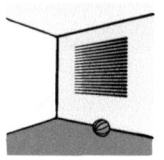

le sol

dysheme

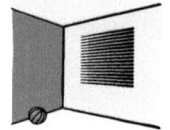

le mur

mur

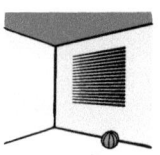

le plafond

tavan

la cave

bodrum

le sauna

sauna

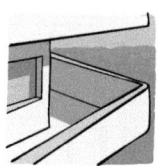

le balcon

ballkon

la terrasse

tarracë

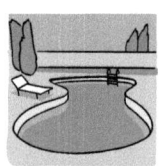

la piscine

pishinë

la tondeuse à gazon

kositëse bari

la housse

çarçaf

la couette

kuvertë

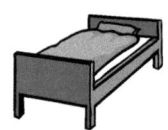

le lit

krevat

le balai

fshesë dore

le sceau

kovë

l'interrupteur

çelës

le salon

dhomë ndenjeje

le papier peint
tapiceri
l'image
fotografi
la lampe
llambë
l'étagère
raft
l'armoire
dollap
la télé
pajisje televizive
la cheminée
vatër
la fleur
lule
le coussin
jastëk
le sofa
divan
le vase
vazo
la télécommande
telekomandë

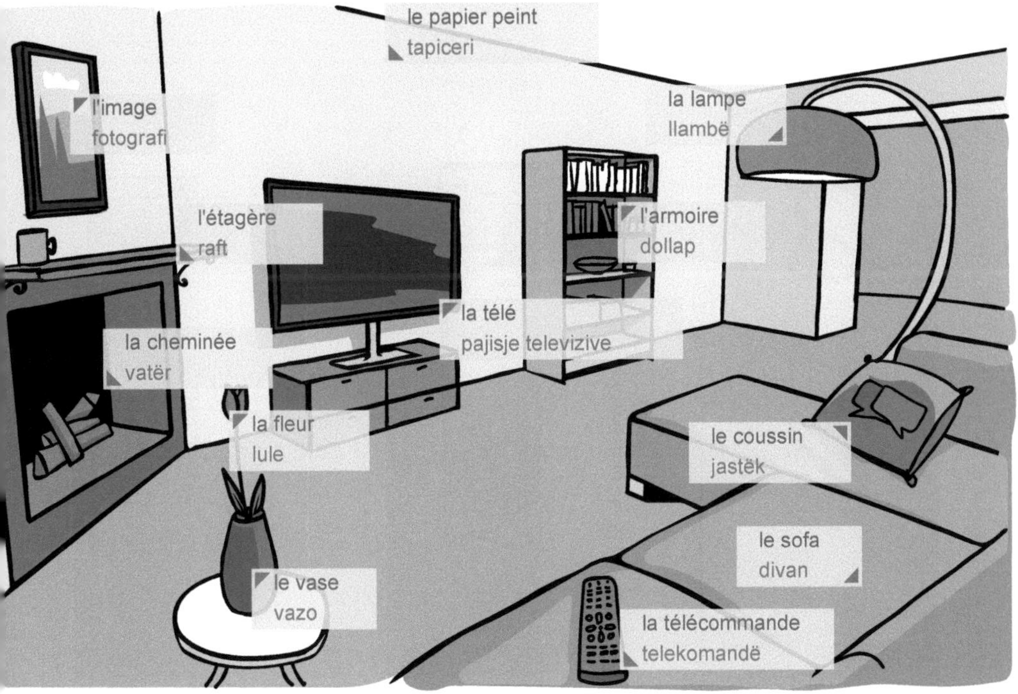

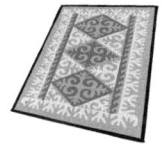

le tapis

qilim

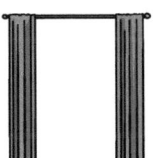

le rideau

perde

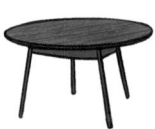

la table

tavolinë

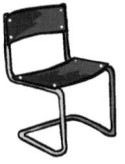

la chaise

karrige

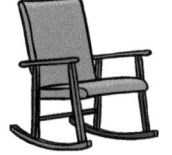

la chaise à bascule

karrige lëkundëse

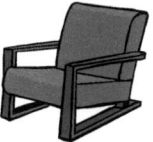

le fauteuil

kolltuk

le livre

libri

la couverture

batanije

la décoration

zbukurime

le bois de chauffage

dru zjarri

le film

film

la chaîne hi-fi

stereo

la clé

çelës

le journal

gazetë

la peinture

pikturë

le poster

afishe

la radio

radio

le bloc-notes

bllok shënimesh

l'aspirateur

fshesë me korent

le cactus

kaktus

la bougie

qiri

le salon - dhomë ndenjeje

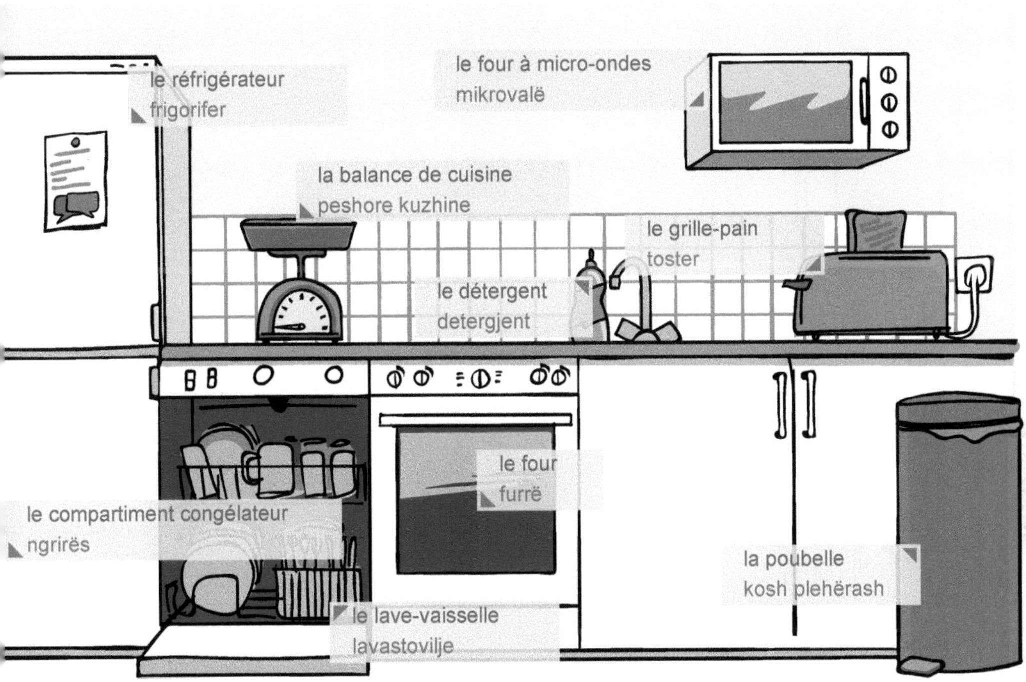

le réfrigérateur
frigorifer

le four à micro-ondes
mikrovalë

la balance de cuisine
peshore kuzhine

le grille-pain
toster

le détergent
detergjent

le compartiment congélateur
ngrirës

le four
furrë

la poubelle
kosh plehërash

le lave-vaisselle
lavastovilje

le four

sobë

la casserole

tenxhere

la marmite

tenxhere me kapak

le wok / kadai

tigan special (Wok)

la poêle

tigan

la bouilloire electrique

çajnik

le cuiseur vapeur

tenxhere me avull

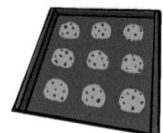

la plaque de cuisson

tavë pjekjeje

la vaisselle

enë

le gobelet

filxhan

la coupe

tas

les baguettes

shkopinj

la louche

garuzhde

la spatule

spatul

le fouet

tel kuzhine

la passoire

kulluese

le tamis

sitë

la râpe

rende

le mortier

havan

le barbecue

skarë

la cheminée

zjarr

la planche à découper

dërrasë për prerje

le rouleau à pâtisserie

okllai

le tire-bouchon

heqëse tapash

la boîte

kanaçe

l'ouvre-boîte

hapëse kanaçeje

les maniques

rrobë për të kapur tenxheren

le lavabo

lavaman

la brosse

furçë

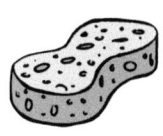

l'éponge

sfungjer

le mixeur

përzjerës

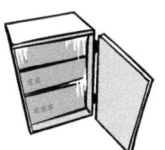

le congélateur

ngrirës

le biberon

biberon për lëngje

le robinet

rubinet

la salle de bain

tualet

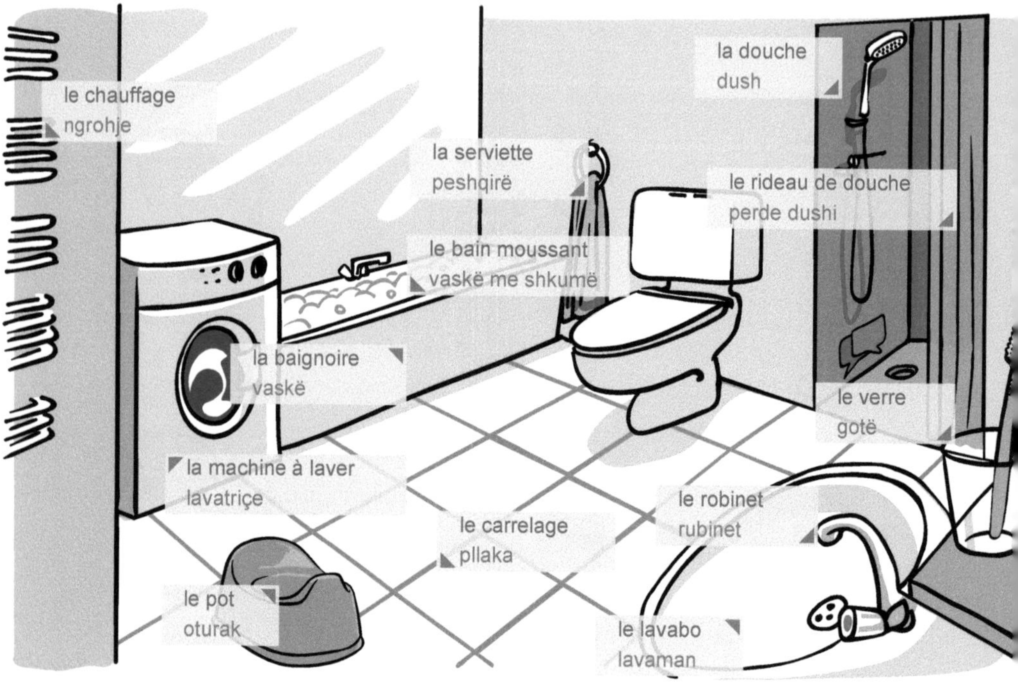

le chauffage
ngrohje
la douche
dush
la serviette
peshqirë
le rideau de douche
perde dushi
le bain moussant
vaskë me shkumë
la baignoire
vaskë
le verre
gotë
la machine à laver
lavatriçe
le robinet
rubinet
le carrelage
pllaka
le pot
oturak
le lavabo
lavaman

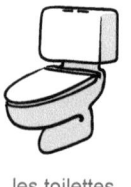

les toilettes

tualet

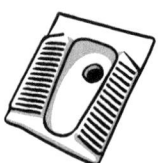

la toilette à la turque

WC e sheshtë

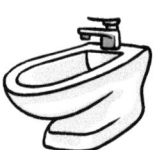

le bidet

bide

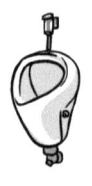

l'urinoir

tualet publik

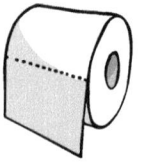

le papier toilette

letër higjienike

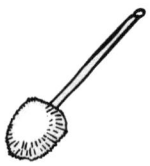

la brosse à toilette

furçe për WC

la brosse à dents

furçë dhëmbësh

le dentifrice

pastë dhëmbësh

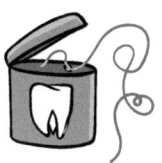

le fil dentaire

fije dentare

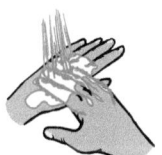

laver

laj

la douche manuelle

dorezë dushi

la douche intime

larës për zonën intime

la vasque

legen

la brosse dorsale

furçë për masazh shpine

le savon

sapun

le gel douche

shampo trupi

le shampooing

shampo

le gant de toilette

leckë pastruese

l'écoulement

kullues

la crème

krem

le déodorant

antidjersë

la salle de bain - tualet

le miroir

pasqyrë

le miroir cosmétique

pasqyrë dore

le rasoir

brisk rroje

la mousse à raser

shkumë rroje

l'après-rasage

locion pas rrojes

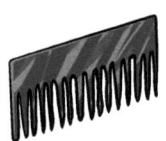

la peigne

krehër

la brosse

furçë

le sèche-cheveux

tharëse flokësh

la laque pour cheveux

llak për flokët

le fond de teint

grim

le rouge à lèvres

buzëkuq

le vernis à ongles

manikyr

l'ouate

mbushje pambuku

le coupe-ongles

gërshërë për thonj

le parfum

parfum

la trousse de toilette

antë për sendet personale

le tabouret

Stol

le pèse-personne

peshore

le peignoir

robëdëshambër

les gants de nettoyage

dorashka gome

le tampon

tampon

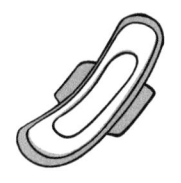

les serviettes hygiéniques

peceta higjienike

la toilette chimique

tualet I lëvizshëm

la chambre d'enfant
dhomë fëmijësh

le réveil
orë me zile
le doudou
lodra me pellushë
la voiture jouet
makinë lodër
le hochet
rraketake
la maison de poupée
shtëpi kukullash
le cadeau
dhuratë

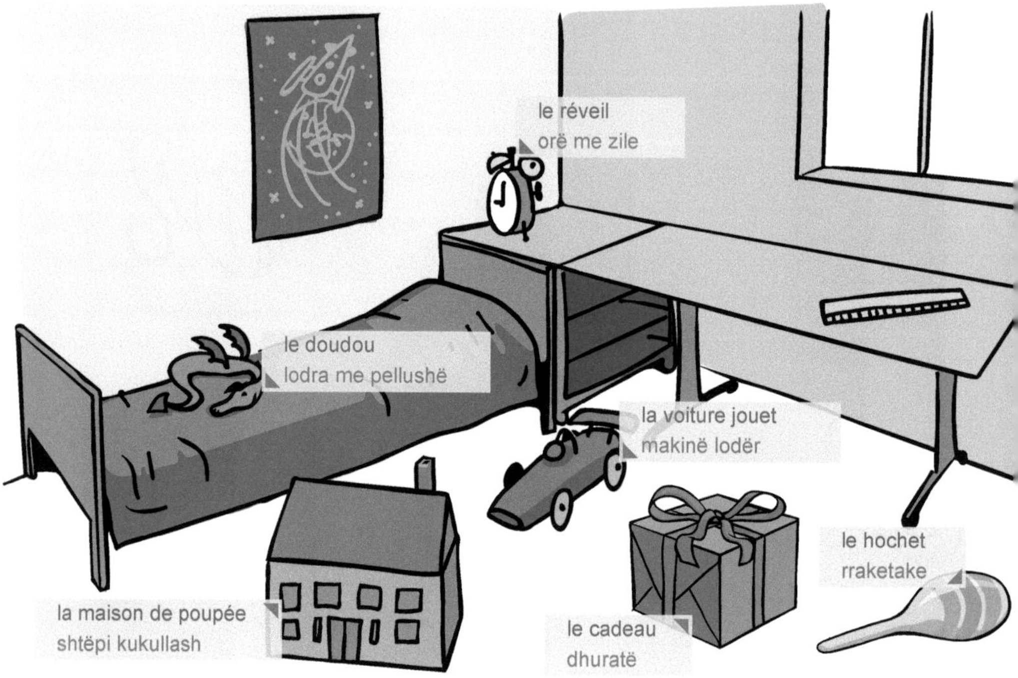

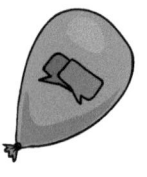

le ballon

tollumbace

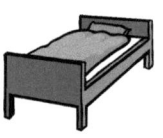

le lit

krevat

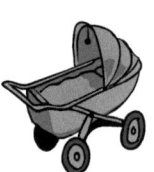

la poussette

karrocë fëmijësh

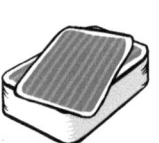

le jeu de cartes

lojë me letra

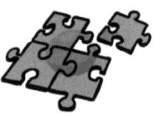

le puzzle

bashkim pjesësh me figura

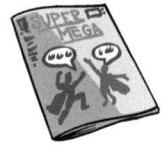

la bande dessinée

komik

les pièces lego

formuese lodër

les blocs de construction

kuba plastikë

la figurine

lodra

la grenouillère

badi

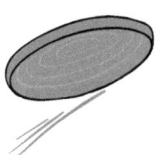

le frisbee

frizbi

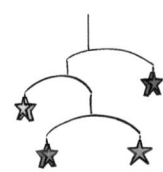

le mobile

lodra të varura tek krevati i fëmijëve

le jeu de société

tavolinë lojërash

le dé

zare

le train miniature

model treni

la sucette

biberon

la fête

festë

le livre d'images

libër me ilustrime

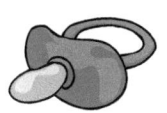

la balle

top

la poupée

kukull

jouer

luaj

le bac à sable

grumbull rëre

la balançoire

kolovarëse

les jouets

lodra

la console de jeu

leva për lojra video

le tricycle

triçikël

l'ours en peluche

arush prej pellushi

l'armoire

garderobë

les vêtements
veshje

les chaussettes

çorape

les bas

çorape të gjata

le collant

geta

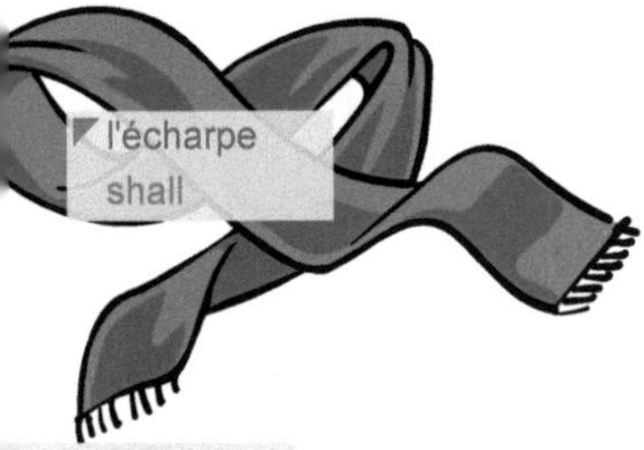

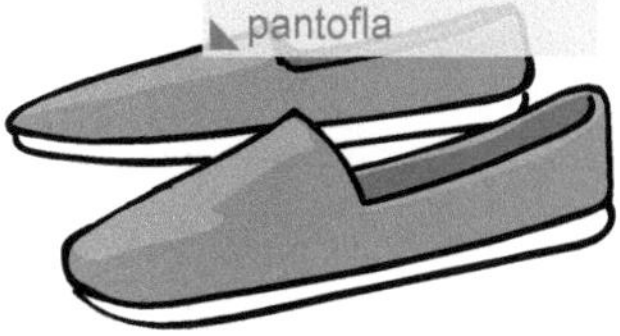

l'écharpe
shall

le parapluie
çadër

le t-shirt
bluzë pa jakë

la ceinture
rrip

les bottes
çizme

les pantoufles
pantofla

les baskets
atlete

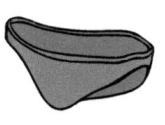

les sandales
....
sandale

les chaussures
....
këpucë

les bottes de caoutchouc
....
çizme llastiku

les sous-vêtements
....
të mbathura

le soutien-gorge
....
reçipeta

le maillot de corps
....
kanotierë

les vêtements - veshje

45

le body

trup

le pantalon

pantallona

le jean

xhinse

la jupe

fund

le chemisier

bluzë

la chemise

këmishë

le pull

pulovër

le sweat à capuche

triko

la veste

xhaketë

la veste

xhaketë

le manteau

pallto

l'imperméable

mushama shiu

le costume

kostum

la robe

fustan

la robe de mariée

fustan nusërie

le costume

kostum

la chemise de nuit

këmishë nate

le pyjama

pizhama

le sari

sari (veshje tradicionale indiane)

le foulard

shami koke

le turban

çallmë

la burqa

eshje për femrat e besimit musliman

le caftan

kaftan (lloj veshjeje tradicionale)

l'abaya

ferexhe

le maillot de bain

kostum banje

le maillot de bain

rroba banje

le short

pantallona të shkurtra

la tenue d'entraînement

tuta sporti

le tablier

përparëse

les gants

dorashka

le bouton

kopsë

les lunettes

syze

le bracelet

byzylyk

le collier

gjerdan

la bague

unazë

la boucle d'oreille

vath

le bonnet

kapuç

le cintre

varëse për pallto

le chapeau

kapele

la cravate

kravatë

la fermeture éclair

zinxhir

le casque

helmetë

les bretelles

tiranda

l'uniforme scolaire

uniformë shkolle

l'uniforme

uniformë

le bavoir

gushore

la sucette

biberon

la lange

pelenë

le bureau
zyrë

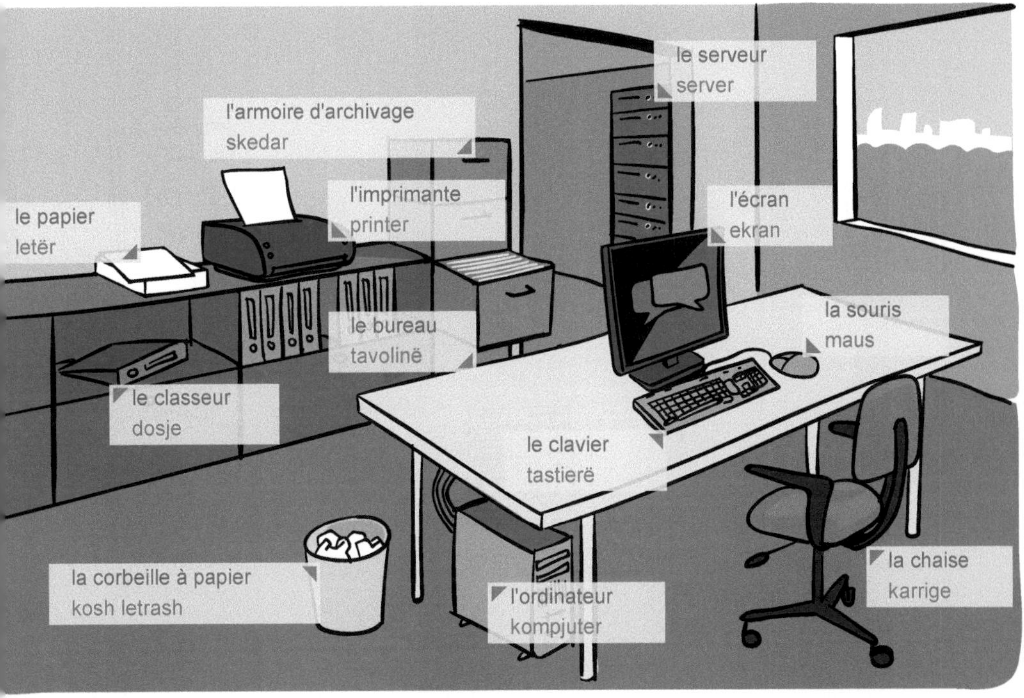

le serveur
server

l'armoire d'archivage
skedar

l'imprimante
printer

le papier
letër

l'écran
ekran

la souris
maus

le bureau
tavolinë

le classeur
dosje

le clavier
tastierë

la corbeille à papier
kosh letrash

la chaise
karrige

l'ordinateur
kompjuter

la tasse de café

filxhan kafeje

la calculatrice

makinë llogaritëse

l'internet

internet

l'ordinateur portable

kompjuter portativ

la lettre

letër

le message

mesazh

le portable

telefon

le réseau

rrjet

la photocopieuse

fotokopje

le logiciel

program

le téléphone

telefon

la prise

prizë

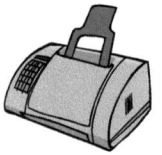

le fax

pajisje faksi

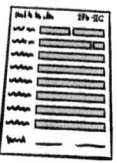

le formulaire

formular

le document

dokument

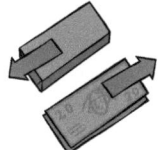

acheter
blej

payer
paguaj

faire du commerce
tregtoj

la monnaie
para

le dollar
dollar

l'euro
euro

le yen
jen

le rouble
rubla

le franc suisse
franga zvicerane

le renminbi yuan
juani kinez

la roupie
rupje

le distributeur automatique

bankomat

le bureau de change

pikë këmbimi valutor

l'or

ar

l'argent

argjend

le pétrole

nafta

l'énergie

energji

le prix

çmim

le contrat

kontratë

la taxe

taksë

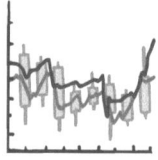

l'action

aksione

travailler

punoj

l'employé

punonjës

l'employeur

punëdhënës

l'usine

fabrikë

le magasin

dyqan

les professions
profesionet

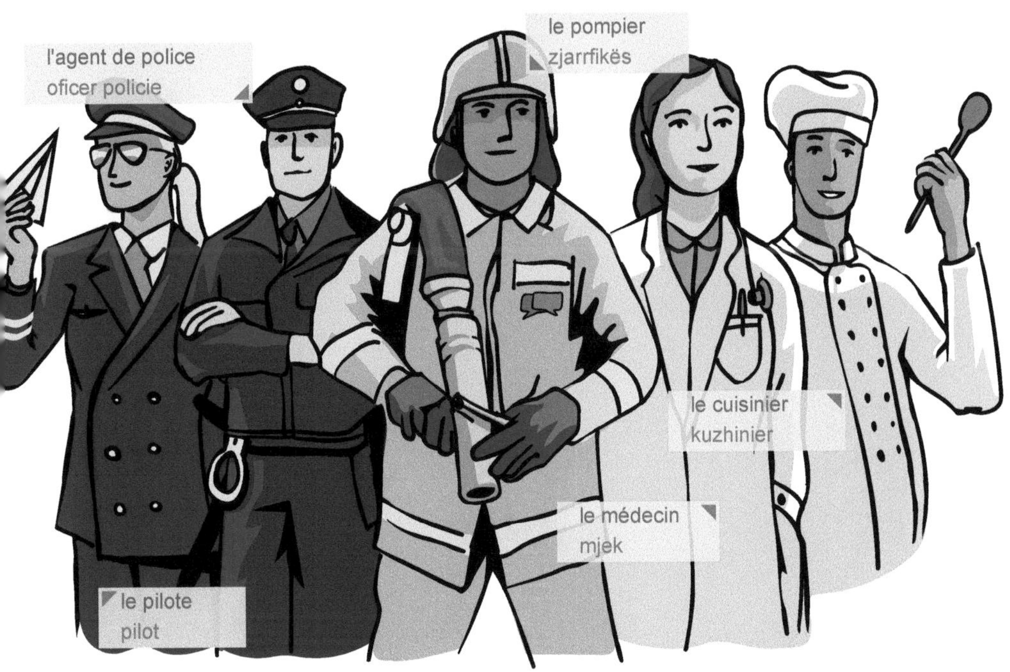
le pompier
zjarrfikës
l'agent de police
oficer policie
le cuisinier
kuzhinier
le médecin
mjek
le pilote
pilot

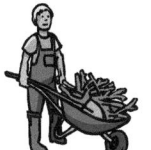

le jardinier

kopshtar

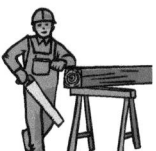

le menuisier

marangoz

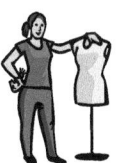

la couturière

rrobaqepëse

le juge

gjykatës

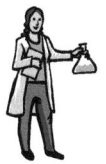

le chimiste

kimist

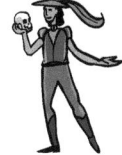

l'acteur

aktor

le conducteur de bus

shofer autobuzi

le chauffeur de taxi

taksist

le pêcheur

peshkatar

la femme de ménage

pastruese

le couvreur

riparues çatish

le serveur

kamarier

le chasseur

gjuetar

le peintre

piktor

le boulanger

furrxhi

l'électricien

elektriçist

l'ouvrier

ndërtues

l'ingénieur

inxhinier

le boucher

kasap

le plombier

hidraulik

le facteur

postieri

le soldat

ushtar

l'architecte

arkitekt

le caissier

arkëtar

le fleuriste

luleshitës

le coiffeur

berber

le contrôleur

kontrollor

le mécanicien

mekanik

le capitaine

kapiten

le dentiste

dentist

le scientifique

shkencëtar

le rabbin

rabin

l'imam

imam

le moine

murg

le prêtre

klerik

les outils
mjete

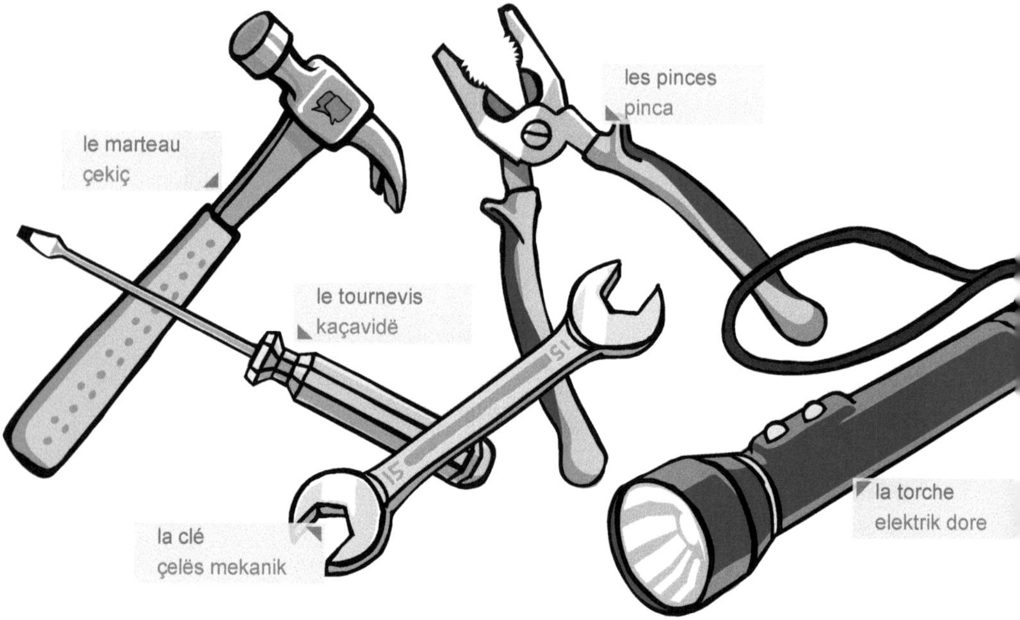

le marteau
çekiç
les pinces
pinca
le tournevis
kaçavidë
la clé
çelës mekanik
la torche
elektrik dore

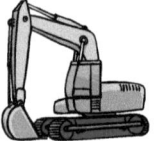

la pelleteuse

ekskavator

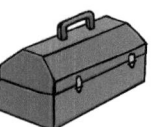

la boîte à outils

kuti veglash

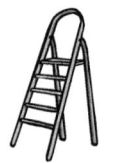

l'échelle

shkallë

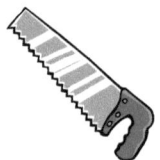

la scie

sharrë

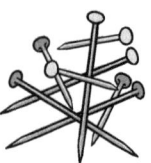

les clous

gozhdë

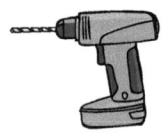

la perceuse

trapan

réparer

riparoj

la pelle

lopatë

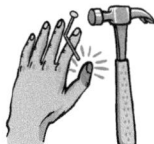

Mince !

Dreq!

la pelle

kaci

le pot de peinture

kuti boje

les vis

vidhë

les instruments de musique
instrumenta muzikorë

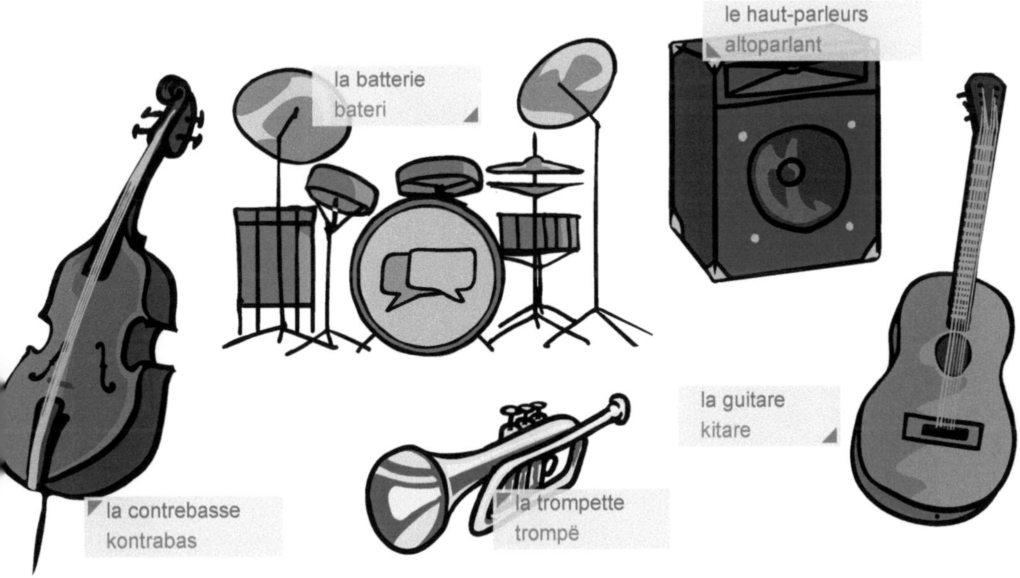

la batterie
bateri

le haut-parleurs
altoparlant

la guitare
kitare

la contrebasse
kontrabas

la trompette
trompë

le piano

piano

le violon

violinë

la basse

bas

les timbales

tamburë

le tambour

daulle

le piano électrique

tastierë pianoje

le saxophone

saksofon

la flûte

flaut

le microphone

mikrofon

le zoo

kopsht zoologjik

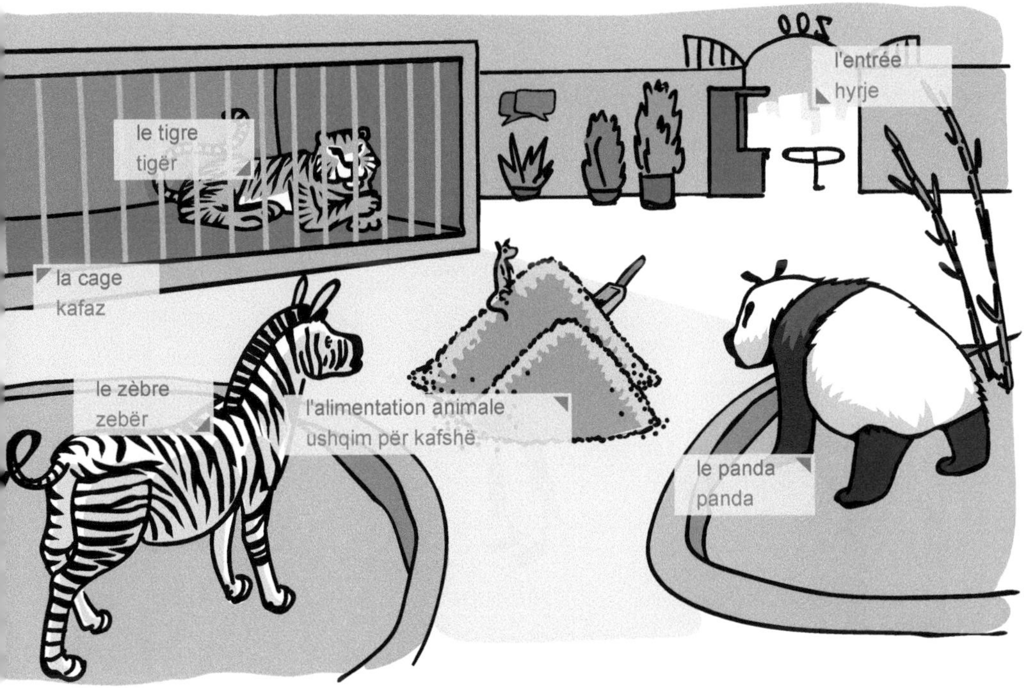
zoo
l'entrée
hyrje
le tigre
tigër
la cage
kafaz
le zèbre
zebër
l'alimentation animale
ushqim për kafshë
le panda
panda

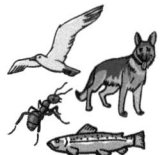

les animaux

kafshë

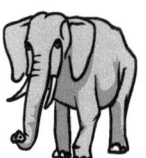

l'éléphant

elefant

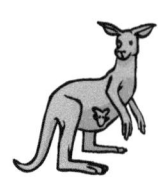

le kangourou

kangur

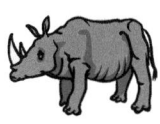

le rhinocéros

rinoceront

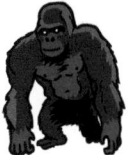

le gorille

gorillë

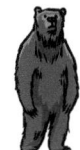

l'ours

ari

le chameau
deve

l'autruche
struc

le lion
luan

le singe
majmun

le flamand rose
flamingo

le perroquet
papagall

l'ours polaire
ari polar

le pingouin
pinguin

le requin
peshkaqen

le paon
pallua

le serpent
gjarpër

le crocodile
krokodil

le gardien de zoo
punonjës i kopshtit zoologjik

le phoque
fokë

le jaguar
xhaguar

le poney

poni

le léopard

leopard

l'hippopotame

hipopotam

la girafe

gjirafë

l'aigle

shqiponjë

le sanglier

derr i egër

le poisson

peshk

la tortue

breshkë

le morse

lopë deti

le renard

dhelpër

la gazelle

gazelë

les sports
sportet

l'american Football
futboll amerikan

le cyclisme
çiklizëm

le tennis
tenis

le basket-ball
basketboll

la natation
not

la boxe
boks

le hockey sur glace
hokej mbi akull

le football
futboll

le badminton
badminton

l'athlétisme
atletikë

le handball
hendboll

le ski
ski

le polo
polo

les activités
aktivitet

sauter
hidhem
embrasser
përqafoj
rire
qesh
marcher
eci
chanter
këndoj
rêver
ëndërroj
prier
lutem
faire la bise
puth

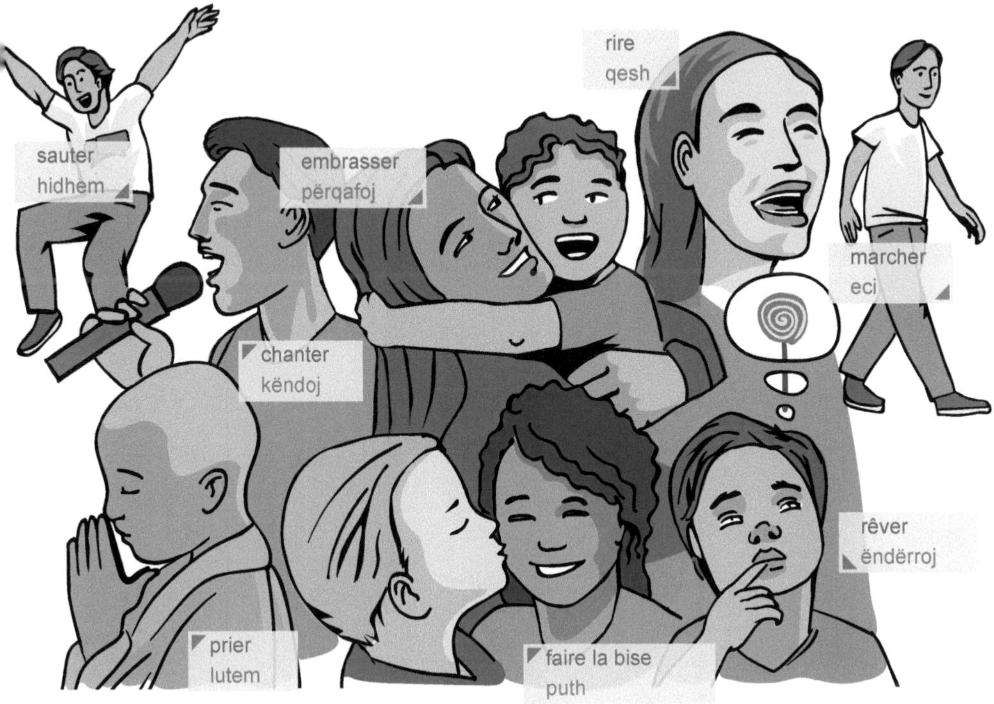

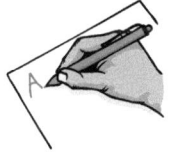

écrire

shkruaj

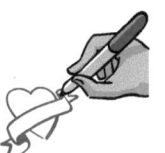

dessiner

vizatoj

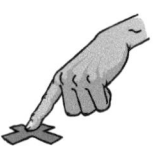

montrer

tregoj

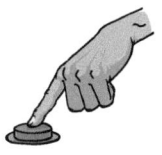

pousser

shtyj

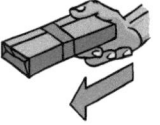

donner

jap

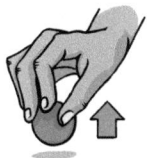

prendre

marr

avoir

kam

faire

bëj

être

jam

être debout

qëndroj

courir

vrapoj

trier

tërheq

jeter

hedh

tomber

bie

être couché

shtrihem

attendre

pres

porter

mbaj

être assis

ulem

s'habiller

vishem

dormir

fle

se réveiller

zgjohem

regarder

shikoj

pleurer

qaj

caresser

përkëdhel

peigner

kreh

parler

bisedoj

comprendre

kuptoj

demander

kërkoj

écouter

dëgjoj

boire

pi

manger

ha

ranger

sistemoj

aimer

dashuroj

cuire

gatuaj

conduire

drejtoj makinën

voler

fluturoj

les activités - aktivitet

faire de la voile

lundroj

calculer

llogaris

lire

lexoj

apprendre

mësoj

travailler

punoj

se marier

martohem

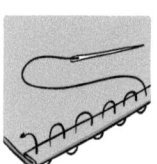

coudre

qep

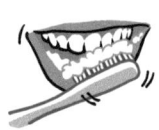

brosser les dents

laj dhëmbët

tuer

vras

fumer

tymos

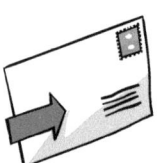

envoyer

dërgoj

grand-mère
yshe

le grand-père
gjysh

le père
baba

la mère
nënë

le bébé
bebe

la fille
vajzë

le fils
djalë

l'hôte

mysafir

la tante

teze, hallë

l'oncle

dajë, xhaxha

le frère

vëlla

la sœur

motër

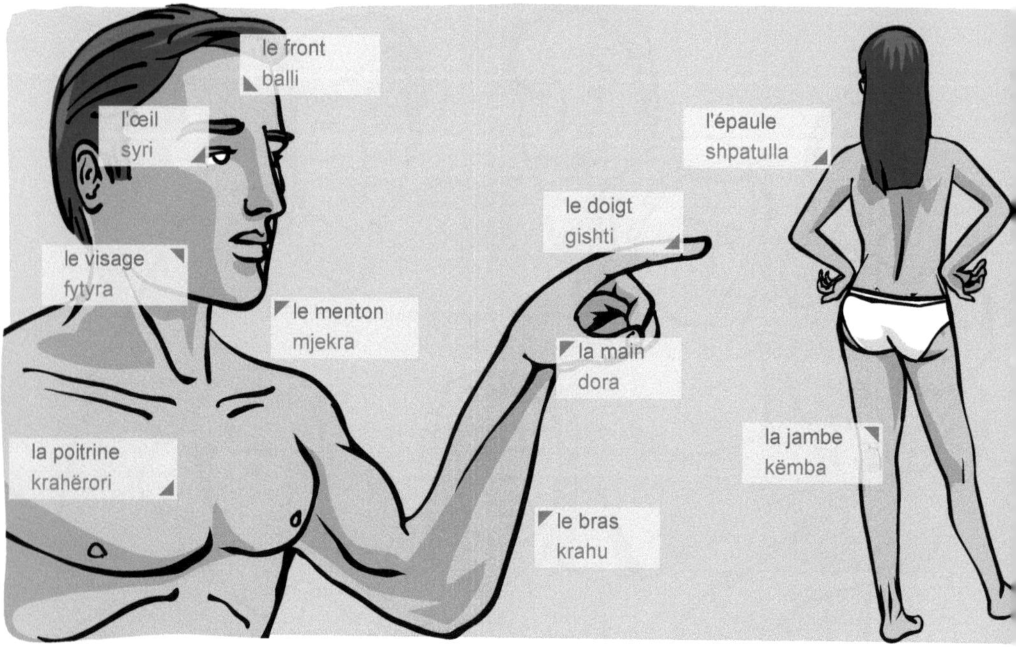

le front
balli

l'œil
syri

le visage
fytyra

le menton
mjekra

la poitrine
krahërori

l'épaule
shpatulla

le doigt
gishti

la main
dora

la jambe
këmba

le bras
krahu

le bébé

bebe

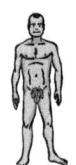

l'homme

burrë

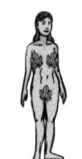

la femme

grua

la fille

vajzë

le garçon

djalë

la tête

koka

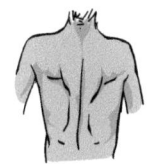

le dos

shpina

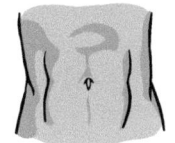

le ventre

barku

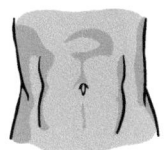

le nombril

kërthiza

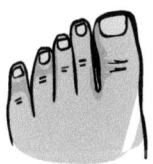

l'orteil

gisht këmbe

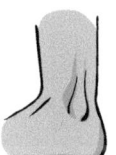

le talon

Thembra

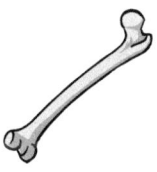

l'os

kockë

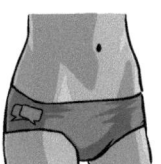

la hanche

legeni

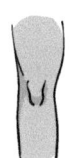

le genou

gjuri

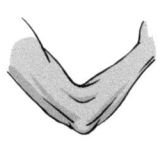

le coude

bërryli

le nez

hunda

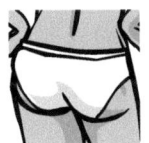

les fesses

vithe

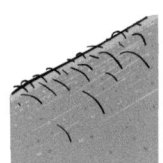

la peau

lëkura

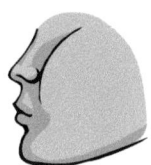

la joue

faqja

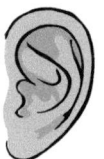

l'oreille

veshi

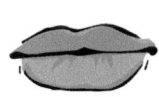

la lèvre

buza

le corps - trupi

la bouche
goja

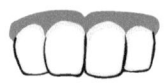

la dent
dhëmbët

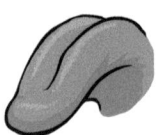

la langue
gjuha

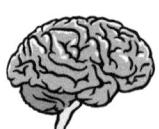

le cerveau
truri

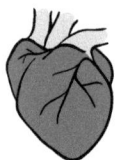

le cœur
zemra

le muscle
muskul

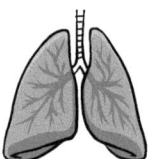

les poumons
mushkëria

le foie
mëlçia

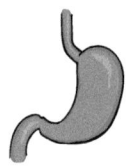

l'estomac
stomaku

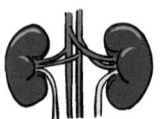

les reins
veshka

le rapport sexuel
seks

le préservatif
prezervativ

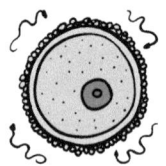

l'ovule
veza

le sperme
sperma

la grossesse
shtatëzani

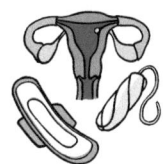

la menstruation

menstruacione

le vagin

vagina

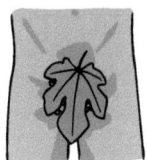

le pénis

penis

le sourcil

vetulla

les cheveux

flokët

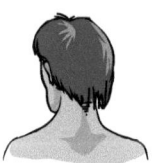

le cou

qafa

l'hôpital

spital

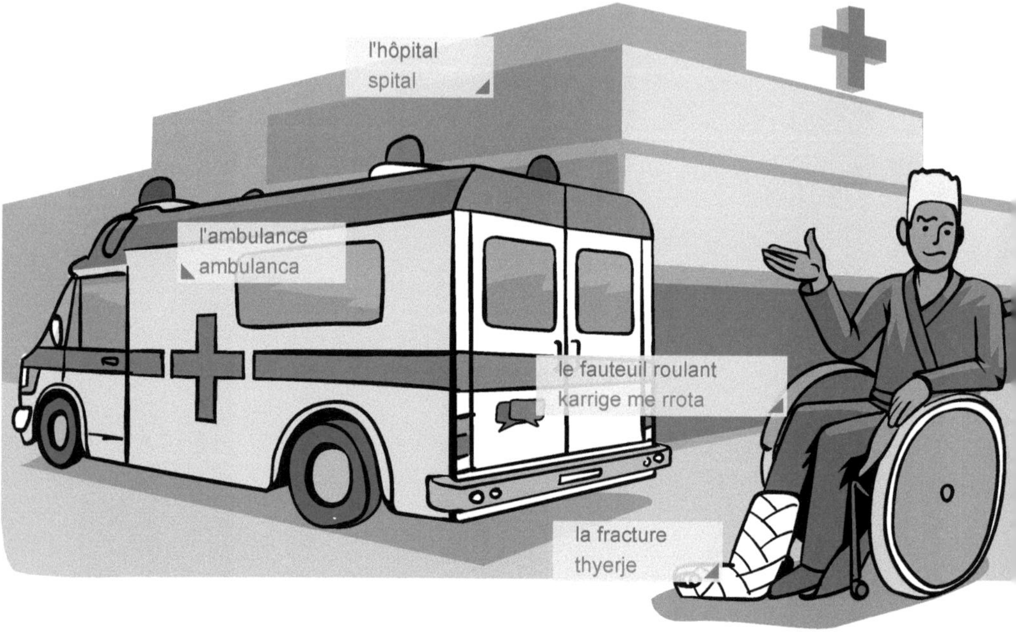

l'hôpital
spital
l'ambulance
ambulanca
le fauteuil roulant
karrige me rrota
la fracture
thyerje

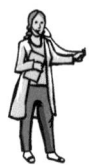

le médecin

mjek

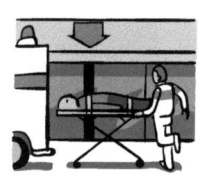

le service des urgences

sallë urgjencash

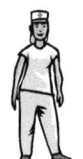

l'infirmière

infermiere

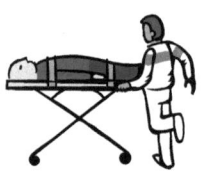

l'urgence

emergjencë

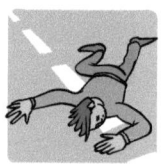

inconscient

i pandërgjegjshëm

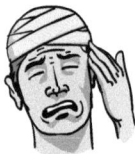

la douleur

dhimbje

la blessure

dëmtim

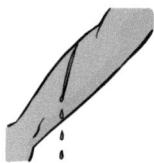

l'hémorragie

gjakosje

la crise cardiaque

infarkt

l'attaque cérébrale

goditje

l'allergie

alergji

la toux

kolla

la fièvre

ethe

la grippe

grip

la diarrhée

diarre

le mal de tête

dhimbje koke

le cancer

kancer

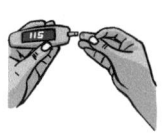

le diabète

diabet

le chirurgien

kirurg

le scalpel

bisturi

l'opération

operacion

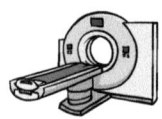

le CT

CT (skaner)

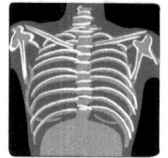

la radiographie

radiografi

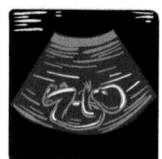

l'échographie

ultratingull

le masque

maskë fytyre

la maladie

sëmundje

la salle d'attente

dhomë pritjeje

la béquille

paterica

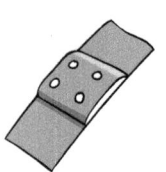

le pansement

leukoplast

le pansement

fasho

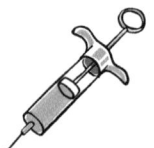

l'injection

injeksion

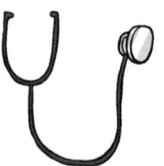

le stéthoscope

stetoskop

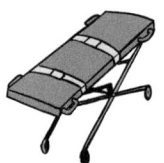

le brancard

barelë

le thermomètre

termometër

l'accouchement

lindje

la surcharge pondérale

mbipeshë

l'appareil auditif

aparat dëgjimi

le désinfectant

dezinfektant

l'infection

infeksion

le virus

virus

le VIH / le sida

HIV / AIDS

le médicament

mjekësi, mjekim

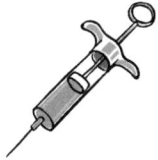

la vaccination

vaksinim

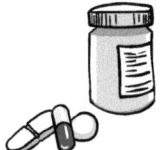

les comprimés

tableta

la pilule

pilulë

l'appel d'urgence

telefonatë emergjence

le tensiomètre

aparat tensioni

malade / sain

i sëmurë / i shëndetshëm

l'hôpital - spital

Au secours !

Ndihmë!

l'alarme

alarm

l'assaut

sulm

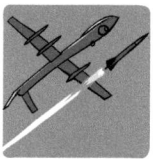

l'attaque

atak

le danger

rrezik

la sortie de secours

dalje emergjence

Au feu!

Zjarr!

l'extincteur

fikëse zjarri

l'accident

aksident

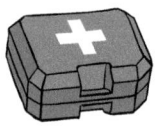

la trousse de premier
secours

kuti e ndimës së shpejtë

SOS

SOS

la police

policia

l'Europe

Europa

l'Amérique du Nord

Amerika e Veriut

l'Amérique du Sud

Amerika e Jugut

l'Afrique

Afrika

l'Asie

Azia

l'Australie

Australia

l'Océan atlantique

Atlantiku

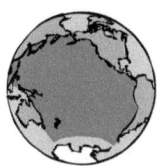

l'Océan pacifique

Paqësori

l'Océan indien

Oqeani Indian

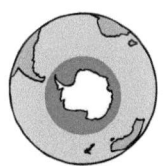

l'Océan antarctique

Oqeani Antarktik

l'Océan arctique

Oqeani Arktik

le Pôle nord

Poli i veriut

le Pôle sud

Poli i Jugut

l'Antarctique

Antarktida

la terre

toka

le pays

tokë

la mer

det

l'île

ishull

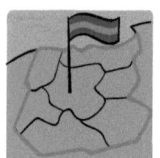

la nation

komb

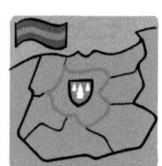

l'état

shtet

le cadran

fusha e orës

l'aiguille des heures

akrepi i orës

l'aiguille des minutes

akrepi i minutave

l'aiguille des secondes

akrepi i sekondave

Quelle heure est-il ?

Sa është ora?

le jour

ditë

le temps

kohë

maintenant

tani

la montre digitale

orë dixhitale

la minute

minutë

l'heure

orë

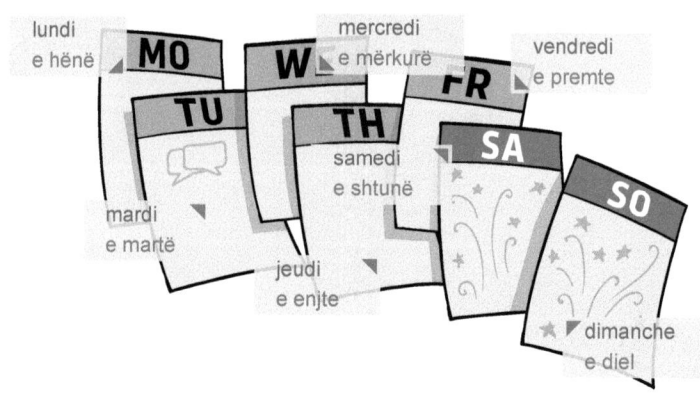

lundi
e hënë

mercredi
e mërkurë

vendredi
e premte

mardi
e martë

samedi
e shtunë

jeudi
e enjte

dimanche
e diel

hier

dje

aujourd'hui

sot

demain

nesër

le matin

mëngjes

le midi

mesditë

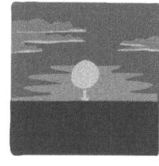

le soir

mbrëmje

MO	TU	WE	TH	FR	SA	SU
1	2	3	4	5	6	7
8	9	10	11	12	13	14
15	16	17	18	19	20	21
22	23	24	25	26	27	28
29	30	31	1	2	3	4

les jours ouvrables

ditë pune

MO	TU	WE	TH	FR	SA	SU
1	2	3	4	5	6	7
8	9	10	11	12	13	14
15	16	17	18	19	20	21
22	23	24	25	26	27	28
29	30	31	1	2	3	4

le week-end

fundjavë

l'année
vit

l'arc-en-ciel
ylber
la pluie
shi
la neige
borë
le vent
erë
le printemps
pranverë
l'automne
vjeshtë
l'été
verë
l'hiver
dimër

4.APRIL 11°
5.APRIL 4°
6.APRIL 13°
7.APRIL 8°
8.APRIL 10°

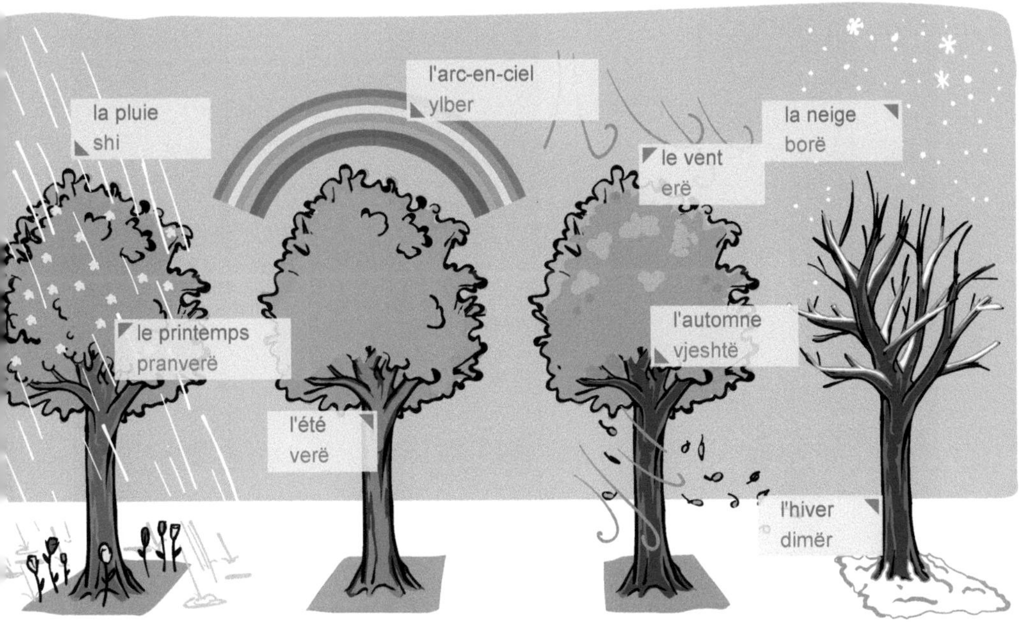

la météo

parashikimi i motit

F C
120 40
90 30
60 20
30 10
0 0
-30 -10
-20

le thermomètre

termometër

la lumière du soleil

ndriçim dielli

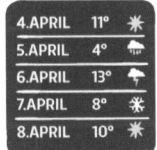

le nuage

re

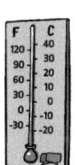

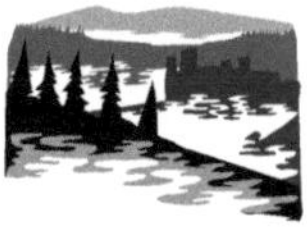

le brouillard

mjegull

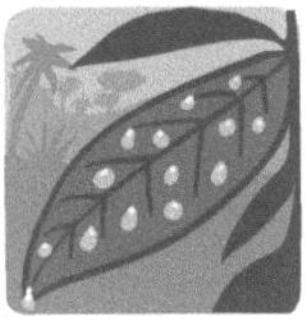

l'humidité

lagështi

la foudre

vetëtima

la tonnerre

gjëmim

la tempête

stuhi

la grêle

breshër

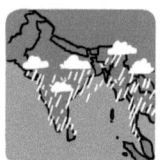

la mousson

muson

l'inondation

përmbytje

la glace

akull

janvier

janar

février

shkurt

mars

mars

avril

prill

mai

maj

juin

qershor

juillet

korrik

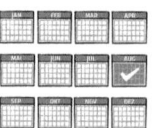

août

gusht

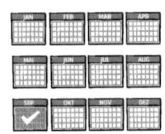

septembre
....
shtator

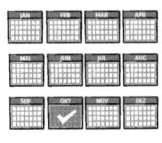

octobre
....
tetor

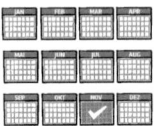

novembre
....
nëntor

décembre
....
dhjetor

les formes
forma

le cercle
....
rreth

le carré
....
katror

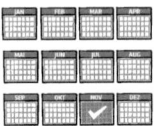

le rectangle
....
drejtkëndësh

le triangle
....
trekëndësh

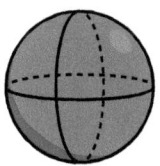

la sphère
....
sferë

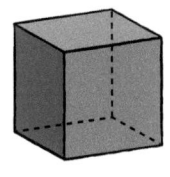

le cube
....
kub

blanc

e bardhë

jaune

e verdhë

orange

portokalli

rose

rozë

rouge

e kuqe

violet

vjollcë

bleu

blu

vert

e gjelbër

marron

kafe

gris

gri

noir

e zezë

beaucoup / peu

shumë / pak

fâché / calme

i nevrikosur / i qetë

joli / laid

i bukur / i shëmtuar

le début / la fin

fillim / fund

grand / petit

i madh / i vogël

clair / obscure

i ndritshëm / i errët

frère / soeur

vëlla / motër

propre / sale

e pastër / e pistë

complet / incomplet

e plotë / jo e plotë

le jour / la nuit

ditë / natë

mort / vivant

gjallë / vdekur

large / étroit

i gjerë / i ngushtë

comestible / incomestible

i ngrënshëm / i pangrënshëm

méchant / gentil

i keq / i këndshëm

excité / ennuyé

i lumtur / i mërzitur

gros / mince

i shëndoshë / i dobët

le premier / le dernier

e para / e fundit

l'ami / l'ennemi

mik / armik

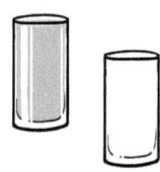

plein / vide

plot / bosh

dur / souple

e fortë / e butë

lourd / léger

e rëndë / e lehtë

faim / soif

uri / etje

malade / sain

i sëmurë / i shëndetshëm

illégal / légal

e paligjshme / e ligjshme

intelligent / stupide

i zgjuar / budalla

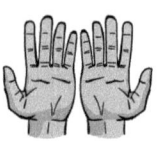

gauche / droite

majtas / djathtas

proche / loin

afër / larg

nouveau / usé

e re / e përdorur

rien / quelque chose

asgjë / diçka

vieux / jeune

i moshuar / i ri

marche / arrêt

ndezur / fikur

ouvert / fermé

hapur / mbyllur

faible / fort

i qetë / i zhurmshëm

riche / pauvre

i pasur / i varfër

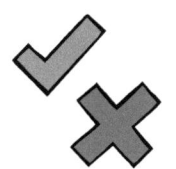

correct / incorrect

e drejtë / e gabuar

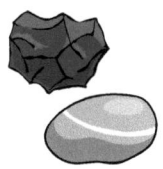

rugueux / lisse

i ashpër / i butë

triste / heureux

i mërzitur / i lumtur

court / long

i shkurtër / i gjatë

lent / rapide

ngadalë / shpejt

mouillé / sec

i lagësht / i thatë

chaud / froid

ngrohtë / freskët

la guerre / la paix

luftë / paqe

les oppositions - të kundërta

0	**1**	**2**
zéro	un / une	deux
zero	një	dy

3	**4**	**5**
trois	quatre	cinq
tre	katër	pesë

6	**7**	**8**
six	sept	huit
gjashtë	shtatë	tetë

9	**10**	**11**
neuf	dix	onze
nentë	dhjetë	njëmbëdhjetë

12

douze

dymbëdhjetë

13

treize

trembëdhjetë

14

quatorze

katërmbëdhjetë

15

quinze

pesëmbëdhjetë

16

seize

gjashtëmbëdhjetë

17

dix-sept

shtatëmbëdhjetë

18

dix-huit

tetëmbëdhjetë

19

dix-neuf

nentëmbëdhjetë

20

vingt

njëzetë

100

cent

qind

1.000

mille

mijë

1.000.000

le million

milion

l'anglais

anglisht

l'anglais américain

anglishte amerikane

le chinois mandarin

kinezisht mandarin

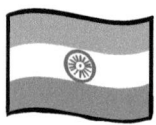

le hindi

hindi

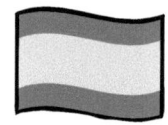

l'espagnol

spanjisht

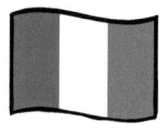

le français

frëngjisht

l'arabe

arabisht

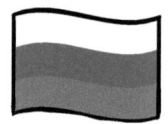

le russe

rusisht

le portugais

portugalisht

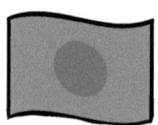

le bengali

bengalisht

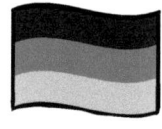

l'allemand

gjermanisht

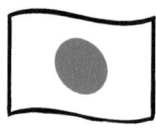

le japonais

japonisht

je
....
unë

tu
....
ti

il / elle / ce, c', cela
....
ai / ajo

nous
....
ne

vous
....
ju

ils / elles
....
ata

Qui ?
....
kush?

Quoi ?
....
çfarë?

Comment ?
....
si?

Où ?
....
ku?

Quand ?
....
kur?

le nom
....
emër

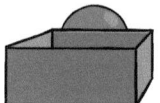

derrière

pas

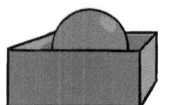

dans

në

devant

përballë

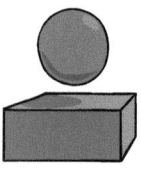

au-dessus

sipër

sur

mbi

en-dessous

poshtë

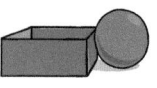

à côté de

pranë

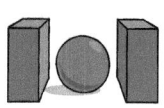

entre

midis

le lieu

vend